그린이 빅토르 에스칸델

유명한 바르셀로나 마사나 디자인 학교에서 그래픽디자인을 공부했어요. 광고 회사, 신문사, 정부 기관, 국제 기구 등을 위해 일했고, 어린이 책에 그림을 그리는 일러스트레이터로도 활동해요. 독자가 자유로운 정신을 일깨우고 새로운 창의력을 발휘할 수 있도록 돕는 것이 꿈이에요. 그린 책으로 『추리 게임』 『세계사 추리 게임』이 있어요.

수수께끼 선별 및 각색 아나 가요

대학에서 정보학을 공부하고 신문사에서 기자로 일했어요. 2000년부터 스페인의 대형 출판사들과 일하며 디자인, 편집, 교정 등 다양한 작업을 하면서 다양한 책을 썼어요. 『추리 게임』 『세계사 추리 게임』 『우리가 태어났을 때』 등을 썼어요.

옮긴이 권지현

고등학교를 졸업할 무렵부터 번역가의 꿈을 키웠어요. 그래서 서울과 파리에서 번역을 전문으로 가르치는 학교에 다녔고, 학교를 졸업한 뒤에는 번역을 하면서 번역가가 되고 싶은 학생들을 가르치고 있어요. 그동안 옮긴 책으로는 〈도전 명탐정 프로젝트〉 〈보통의 호기심〉 〈꼬마 중장비 친구들〉 시리즈와 『산으로 올라간 백만 개의 굴』 『오늘의 식탁에 초대합니다』 『펜으로 만든 괴물』 『버섯 팬클럽』 『거짓말』 『아나톨의 작은 냄비』 등이 있어요.

과학 추리 게임
과학 상식으로 25개의 수수께끼를 풀어라!

초판 인쇄 2022년 6월 20일 **초판 발행** 2022년 6월 20일
그린이 빅토르 에스칸델 **수수께끼 선별 및 각색** 아나 가요 **옮긴이** 권지현
펴낸이 남영하 **편집** 김주연 이신아 **디자인** 박규리 **마케팅** 김영호
펴낸곳 ㈜씨드북 **주소** 03149 서울시 종로구 인사동7길 33 남도빌딩 3F **전화** 02) 739-1666 **팩스** 0303) 0947-4884
홈페이지 www.seedbook.co.kr **전자우편** seedbook009@naver.com **인스타그램** instagram.com/seedbook_publisher
ISBN 979-11-6051-443-8 77870 **세트** 979-11-6051-431-5

Enigmes de la ciència
© Original edition, Zahorí de Ideas (www.zahorideideas.com)
© Illustrations, Víctor Escandell, 2021
© Texts, Ana Gallo, 2021
With the collaboration of Institut d'estudis baleàrics
Korean Translation Copyright © Seedbook Co., Ltd, 2022
All rights reserved.
This Korean edition was published by arrangement with Zahorí de Ideas S. L. (Barcelona)
through Bestun Korea Agency Co., Seoul.
이 책의 한국어판 저작권은 베스툰 코리아 에이전시를 통해 저작권자와 독점 계약을 맺은 ㈜씨드북에 있습니다.
저작권법에 의해 한국 내에서 보호를 받는 저작물이므로 무단 전재와 무단 복제를 금합니다.

 제조국명: 대한민국 | **사용연령:** 6세 이상
KC마크는 이 제품이 공통안전기준에 적합하였음을 의미합니다.
종이에 베이지 않게 주의하세요.

• 책값은 뒤표지에 있어요. • 잘못 만들어진 책은 구입하신 서점에서 바꾸어 드려요. • 씨드북은 독자들을 생각하며 책을 만들어요.

과학 추리 게임

과학 상식으로 25개의 수수께끼를 풀어라!

빅토르 에스칸델 그림 아나 가요 수수께끼 선별 및 각색 권지현 옮김

씨드북

두뇌가 똑똑해지는
과학 추리 게임의 세계에 잘 왔어요!

앞으로 나오는 수수께끼를 잘 풀려면 문제마다 왜 그런 상황이 벌어졌는지 이해하는 것이 중요해요. 어떤 문제는 바로 머릿속에 답이 떠오를 수도 있어요. 하지만 그 뒤에 숨겨진 원인이나 현상을 제대로 설명할 수 있을까요? 이 책에 나오는 수수께끼들은 하나도 빠짐없이 놀라운 과학 원리를 따르고 있어요. 과학 원리를 이해하고 나면 우리를 둘러싼 세상을 더 잘 이해할 수 있을 거예요. 그게 바로 과학의 목적이지요.

수수께끼 푸는 법

내 안에 잠든 과학자를 깨워요! 사건이 왜, 그리고 어떻게 벌어졌는지 알아내요.
도무지 감을 못 잡겠다면 다음과 같은 방법을 써 봐요.

왜? 어디서? 어떻게? 누가? 무엇을? 언제?

1. 관찰하기
글을 잘 읽고 그림도 꼼꼼히 살펴봐요.

2. 질문하기
무슨 일이 벌어졌지? 무엇이 문제이지? 글에서 언급되지 않은 것은 무엇이지?
수수께끼에 드러나지 않는 부분은 무엇이지? 무엇이 바뀌었지?

3. 가설 세우기
상황의 출발점이 된 원인을 큰 소리로 말해 봐요. 그런 다음 사건이 왜, 그리고 어떻게 일어났는지 말해 봐요. 틀려도 괜찮아요.

4. 추리하기
생각해 낸 아이디어나 가설을 논리적으로 설명해 봐요.
설명할 수 없는 수수께끼는 없어요.

스티븐 호킹
우주론과 블랙홀 전문가

도움을 주는 정보

실험하고, 생각하고, 배워요!

마리 퀴리
방사능 분야의 선구자

과학 원리

수수께끼를 풀었다면 책 뒷부분(64~73쪽)으로 넘어가서 **과학 원리**를 읽어 봐요.
수수께끼에 들어 있는 과학 원리와 현상을 더 잘 이해할 수 있을 거예요.

실험해 봐요!

실험은 과학의 가장 중요한 부분이에요.
답이 맞았는지 확인하고 싶다면
실험해 봐요!(64~73쪽)를 읽어 봐요.
수수께끼와 비슷한 내용으로 이루어진
실험을 할 수 있어요.

생각해 봐요!

생각해 봐요!(64~73쪽)에서는
여러 가지 질문을 던질 거예요.
수수께끼를 푸는 더 좋은 방법을
찾는 데 도움이 될 거예요.

점수

사건은 1부터 6까지 난이도별로 구분되어 있어요. 난이도는 ★로 표시되어 있어요.

10~20점

주로 평범한 상황이
펼쳐져요.
그래서 갖고 있는 지식과
논리력만으로도 수수께끼를
풀 수 있어요.

★ ☆ ☆ ☆ ☆ ☆
★ ★ ☆ ☆ ☆ ☆

난이도 / 하

30~40점

추리력이 있다면
이 책에 나온
수수께끼를 풀 수 있어요.
하지만 사건이 왜 일어났는지
과학적으로 설명해야 해요.

★ ★ ★ ☆ ☆ ☆
★ ★ ★ ★ ☆ ☆

난이도 / 중

50~60점

수수께끼에 들어 있는
과학 원리를 잘 알고
논리적인 추리를 할 수 있어야 해요.
창의력과 탐정의 자질까지 필요한
수수께끼도 있어요.

★ ★ ★ ★ ★ ☆
★ ★ ★ ★ ★ ★

난이도 / 상

분야

수수께끼는 분야별로 나뉘어 있어요.
페이지 윗부분에 해당 분야가 표시되어 있어요.

 물리학　 지리학　 광학　 자연 과학　 화학

 지질학　 천문학　 기상학　 생물학　 전염병학

문제를 재미있게 푸는 방법

과학 수수께끼는 혼자서 풀 수도 있지만 팀을 만들어서 풀 수도 있어요.
팀으로 문제를 풀면 답을 빨리 찾을 수도 있고 아이디어를 더 많이 나눌 수도 있어요.
팀을 이룰 때 더 재미있는 실험과 수수께끼가 있어요. 하지만 혼자여도 문제없지요.

팀 짜기

- 두 팀을 만들어요. 팀원은 두 명 이상이어야 해요. 심판을 볼 대장 탐정을 구해요.
- 대장에게 단서를 달라고 할 수도 있는데, 그때마다 5점을 잃어요.
- 수수께끼를 풀 때 팀마다 문제에 대한 팀의 관점을 반드시 설명해야 해요.
  팀원마다 다른 의견이 있다면 각자 자기 의견을 말하고 증명해요.
  진짜 연구팀들도 그렇게 일하거든요.
- 수수께끼를 풀었다면 **생각해 봐요!**에 나오는 질문에 대답하고,
  실험해 봐요!에 나오는 실험도 해야 해요. 그렇지 않으면 받은 점수의 절반을 잃어요.
- 수수께끼는 풀지 못했지만 **과학 원리**에 나오는 활동을 잘 수행한 팀은
  걸려 있는 점수의 절반만 얻어요.

알베르트 아인슈타인
상대성 이론의 창시자

차례

- 1. 똑똑한 참새 ... 10
- 2. 가을 산책 ... 12
- 3. 작전 실패 ... 14
- 4. 꾀병 환자 ... 16
- 5. 주방의 함정 ... 18
- 6. 지구 반대편 ... 20
- 7. 사파리에 간 사진가들 ... 22
- 8. 클럽의 단서 ... 24
- 9. 양치기의 조언 ... 26
- 10. 망치와 깃털 ... 28
- 11. 조용한 전파자 ... 30
- 12. 마법의 반지 ... 32
- 13. 여름 캠프 가는 길 ... 34
- 14. 내년에 봐! ... 36
- 15. 수상한 가족 ... 38
- 16. 더러운 설거지 ... 40
- 17. 밀림에서 일어난 사건 ... 42
- 18. 도굴꾼과 꿀 ... 44
- 19. 보인다! ... 46
- 20. 얼어붙은 저수지 ... 48
- 21. 빙글빙글 도는 달걀 ... 50
- 22. 바닷가 카페 ... 52
- 23. 내게 너무 현대적인 빌딩 ... 54
- 24. 나 홀로 집에 ... 56
- 25. 두루미의 비행 ... 58
- 정답 ... 60
- 과학 원리 ... 64

제목 앞에 있는 그림을 잘 봐요.
각 수수께끼가 어떤 분야에
해당하는지 알 수 있어요.

로절린드 프랭클린
DNA의 나선 구조를 알아낸
과학자

| 물리학 | 점수 10점 | 난이도 / 하 ★☆☆☆☆ |

1. 똑똑한 참새

참새는 목이 말랐어요. 새끼들에게 예쁜 둥지를 지어 주려고
바쁘게 왔다 갔다 했거든요. 그런데 몇 주째 비가 내리지 않았고,
물웅덩이도 말랐어요.

① 참새는 물을 구하러 갔어요.
그런데 어디선가 귀에 익은 소리가 들려왔어요.
참새는 무슨 소리인지 잘 들어 보려고 나뭇가지에
앉았어요. 그때 나무 얼매들이 땅으로 떨어졌어요.

② 참새는 땅으로 내려갔어요.
얼매가 떨어진 곳에는 작은 구멍이 있었어요.

③ 참새는 구멍에 머리를 대고 안을 들여다봤어요.
그리고 소리의 정체를 알아냈지요. 그건 물소리였어요.
하지만 참새가 아무리 애를 써도
부리가 물에 닿지 않았어요.

④ 참새는 아주 똑똑했어요. 주위를 둘러보더니 부리로
작은 돌멩이를 모으기 시작했지요.
참 잘했어요, 참새 아주머니!
드디어 물을 마실 수 있게 되었군요!

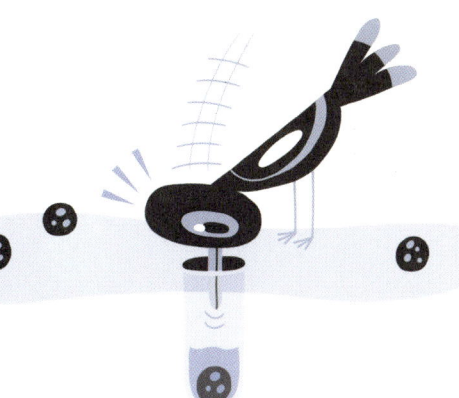

참새는 어떻게 물을 마실 수 있었을까요?

정답은 60쪽에 있어요.

| 지리학 | 점수 20점 | 난이도 / 하 ★★☆☆☆ |

2. 가을 산책

디디에는 직장에서 은퇴하고 아내와 시골에서 살고 있어요.
매일 아침 일찍 일어나 친구 아멜리와 산책을 가요. 그동안 아내는 쿨쿨 자고 있지요.
매일 아침 두 친구는 날이 밝기를 기다렸다가 약속 장소에서 만나요.
그러던 10월의 마지막 일요일이었어요.

1 디디에는 집을 나서기 전에 휴대전화를 찾았지만 휴대전화는 온데간데없었어요. 부엌에 있는 벽시계를 보았더니 7시 45분이었어요. 아멜리와 만날 시간이었지요. 디디에는 결국 휴대전화 없이 밖으로 나갔어요. 거리는 아직 어둑어둑했어요. 붉은 햇빛이 느껴지기는 했지만요.

2 디디에는 큰길을 건너 매일 아침 아멜리와 만나는 공원 광장에 도착했어요. 손목시계를 보니 8시였어요.

3 하지만 아멜리는 5분이 지나도 나타나지 않았어요. 그래서 늦으면 기다리지 않는다고 약속한 대로 디디에는 혼자 산책을 시작했어요.

4 집에 돌아온 디디에는 아침을 준비하려고 부엌에 들어갔다가 깜짝 놀랐어요. 고장 난 것도 아닌데 시계가 7시 45분을 가리키고 있었으니까요.

어째서 시간이 그대로였을까요?

정답은 60쪽에 있어요.

광학 | 점수 40점 | 난이도 / 중 ★★★★☆☆

3. 작전 실패

프랭크와 해리는 외국에서 동물을 몰래 들여다 팔고 있어요.
오늘은 무척 희귀해서 사람들이 많이 찾는 바다거북을 훔칠 작정이에요.
두 사람은 수족관 직원들이 청소하는 동안 거북을 빼돌리기로 했어요.

① 모든 계획을 세운 해리가 프랭크에게 말했어요.

"밤 8시에 만나자. 들어가서 안내 화살표를 따라가. 그러면 거북이 있는 수족관으로 갈 수 있을 거야."

② 로비에 도착한 프랭크는 금세 화살표를 찾았어요. 청소하려고 꺼내 둔 커다란 수족관 너머로 화살표가 보였어요. 화살표는 오른쪽 복도를 가리켰어요.

③ 프랭크는 화살표를 따라갔지만 뱀 전시관과 악어 전시관만 나왔어요. 해리는 프랭크가 오지 않자 친구를 찾아 나섰어요. 결국 해리는 프랭크를 찾아 다시 로비로 돌아왔어요. 프랭크는 영문을 알 수 없었어요.

④ "화살표를 따라 왼쪽으로만 가면 되잖아!"
화가 난 해리가 화살표를 가리키며 말했어요.

"아깐 화살표가 분명 오른쪽을 가리켰다고!"

프랭크는 왜 길을 잃었을까요?

정답은 60쪽에 있어요.

15

| 생물학 | 점수 30점 | 난이도 / 중 ★★★☆☆ |

4. 꾀병 환자

내일은 수학 시험을 보는 날이에요.
그런데 줄리는 공부를 하나도 안 했어요.
줄리는 학교에 가기 싫어서 엄마에게 몸이 안 좋다고 말했어요.
독감 증상이 있다고 그럴싸하게 설명하고는 이불을 덮고 누워 버렸어요.

1 엄마는 틀림없이 잘 자라고 인사하러 올 거예요. 줄리는 뜨거운 물에 수건을 담갔다가 꺼내서 이마 위에 올렸어요. 그러고는 침대에 누워 이불을 몇 겹으로 덮었어요.

2 방에 들어온 엄마는 줄리의 얼굴이 벌겋게 달아오른 걸 보고 걱정했어요. 딸 이마에 손을 얹고 말했지요.

"내일 학교에 가지 말고 엄마랑 병원에 가자."

3 다음 날 아침, 의사 선생님이 줄리를 진찰했어요. 체온을 재는 동안 의사 선생님은 컴퓨터 화면을 보고 있었고, 엄마는 휴대전화로 선생님에게 메시지를 보내고 있었지요. 줄리는 그 틈을 타서 체온계를 꺼내 입으로 호호 불었어요.

4 하지만 의사 선생님은 체온계를 보더니 말했지요.

"열이 없군. 학교에 가도 되겠어요."

줄리의 아이디어는 왜 통하지 않았을까요?

정답은 60쪽에 있어요.

 물리학

 점수 50점

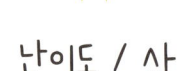 난이도 / 상

5. 주방의 함정

오늘 어느 유명한 식당 주방에 인턴이 들어왔어요.
인턴은 총주방장인 알랭 밑에서 일할 거예요.
조금 뒤에 중요한 손님의 생일 파티가 열릴 예정이라
요리사들은 분주하게 주방을 누볐어요.

① 알랭은 인턴에게 손님에게 내어 갈 예쁜 디저트에 젤리를 뿌리라고 했어요.

② 인턴은 바닐라 아이스크림과 과일에 젤리를 뿌렸어요. 그런데 젤리 대신 향신료인 오레가노가 뿌려졌어요.

③ 인턴의 놀란 표정을 보고 알랭이 다가갔어요. 그리고 누군가가 새로 온 인턴에게 장난을 치려고 젤리 통에 오레가노를 넣었다는 걸 알게 되었지요.

④ 하지만 화를 낼 시간도 없었어요. 알랭은 파티를 위해 불어 놓은 풍선을 가져오게 한 다음, 풍선을 앞치마에 열심히 비볐어요.

손님들은 오레가노가 뿌려진 아이스크림을 먹게 될까요?

정답은 60쪽에 있어요.

지리학 | 점수 40점 | 난이도 / 중 ★★★★★☆☆

6. 지구 반대편

이탈리아 청년 두 명은 산악 구조대가 되기 위해 여러 힘든 시험을 통과해야 했어요.
그래서 교관과 함께 아르헨티나에 있는 높은 산인 아콩카과산에 올랐어요.
그런데 일주일 뒤 엄청난 눈사태가 나서 청년들은 교관과 떨어지게 되었어요.
장비는 다 사라졌고, 남은 건 등에 메고 있던 가방뿐이었어요.

① 다행히 한 청년이 무전기를 가지고 있었어요.
두 사람이 구조대에 연락하자 구조대는
사람들을 보낼 테니 위치를 알려 달라고 했어요.

② 청년들은 밤하늘을 쳐다보았어요.
하지만 날이 흐려서 별이 보이지 않았지요.
그때 구름 사이로 달이 얼굴을 내밀었어요.

③ 그들이 사는 이탈리아는 북반구에 있는데,
그믐달의 뾰족한 끝이 서쪽을 향한다고 배웠어요.
그래서 청년들은 산의 북서쪽에 있다고 무전기로 알렸어요.

④ 구조대가 출발했지만 청년들을 발견할 수 없었어요.
다음 날 구조대는 산 반대쪽에서 청년들을 찾았어요.
베이스캠프로 돌아왔을 때 교관이 청년들을 꾸중했어요.

교관은 왜 청년들을
합격시키지 않았을까요?

정답은 60쪽에 있어요.

| 물리학 | 점수 20점 | 난이도 / 하 ★★☆☆☆ |

7. 사파리에 간 사진가들

아델과 제임스는 사진가예요. 둘은 아프리카에서 사파리를 촬영하기로 했어요.
아델은 매일 아침 일찍 일어나 동물들을 그렸고, 제임스는 늦잠을 잤어요.
바닥에서 자는 게 익숙하지 않아서 밤새 뒤척였기 때문이에요.

1 야생 동물을 가까이에서 찍고 싶었던 두 사람은 코끼리 떼 근처에서 야영을 했어요. 그리고 나무에 올라가 코끼리들을 관찰했지요. 두 사람은 나뭇가지에 앉아서 사진을 찍는 데 곧 익숙해졌어요.

2 어느 날 아침, 아델은 바위에 앉아서 그림을 그리고 있었어요. 그림에 완전히 몰입해서 파리가 윙윙거려도 모를 정도였어요.

3 제임스는 나무 밑에 깔아 둔 침낭에서 쿨쿨 잠자고 있었어요.

4 그런데 갑자기 제임스가 소스라치게 놀라며 깨어나 비명을 질렀어요.

으악! 아델! 빨리 나무 위로 도망쳐!

제임스는 어떻게 위험을 느꼈을까요?

정답은 61쪽에 있어요.

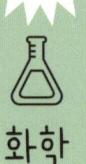
화학

점수 30점

난이도 / 중
★★★☆☆☆☆

8. 클럽의 단서

한 화학자가 자신이 일하는 제약 회사에서
건강에 해로운 물질을 사용한다는 사실을 알아냈어요.
그녀는 경찰에 이 사실을 신고했어요.
그녀와 형사는 회사에서 알아챌까 봐
전자 기기를 사용하지 않고 소식을 주고받기로 했지요.

1. 화학자는 형사에게 보이지 않는 잉크로 메시지를 보내겠다고 말했어요. 종이 한구석에 적어 놓은 글자가 메시지를 볼 수 있는 방법이라고 했어요. 예를 들어 'ㅂ'이라고 적혀 있으면 '불'을 사용해서 메시지를 읽을 수 있다는 뜻이에요.

2. 어느 날 형사는 메시지를 받았어요. 한쪽 구석에 'ㅈㅇㅅ'이라고 적혀 있었지요. 형사는 종이를 주머니에 넣고 퇴근 뒤에 알아보기로 했어요.

3. 밤 8시가 되자 형사는 얼마 전 새로 생긴 클럽에 갔어요. 그는 음료를 시키고 무대 가까이에 자리를 잡았어요. 조명이 밝게 비추는 자리였지요.

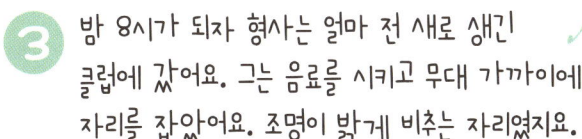

4. 형사는 메시지를 꺼내 탁자 위에 펼쳐 놓았어요. 종업원은 백지를 뚫어지게 바라보는 형사를 보고 이상하다고 생각했지요. 얼마 뒤 형사는 종이를 다시 접어 넣고 급하게 밖으로 뛰어나갔어요.

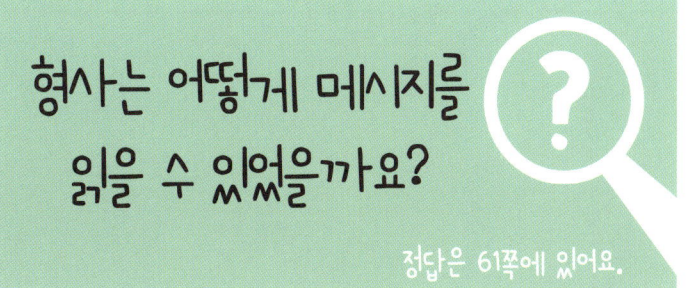

형사는 어떻게 메시지를 읽을 수 있었을까요?

정답은 61쪽에 있어요.

25

10. 망치와 깃털

물리학 · 점수 60점 · 난이도 / 상 ★★★★★

나는 위대한 갈릴레오 갈릴레이야! 늘 혁명적인 이론을 내놨지!

데이브는 유명한 천문학자이자 물리학자인 갈릴레이가 500년 전에 만든 이론을 실험하려고 해요. 최근에야 증명된 이론이지요.

1 데이브는 양손에 각각 망치와 깃털을 쥐고 있어요.

2 망치는 1킬로그램, 깃털은 10그램이에요.

3 데이브는 양팔을 같은 높이로 들어 올린 다음, 망치와 깃털을 동시에 떨어뜨렸어요.

4 그런데 망치와 깃털이 동시에 바닥에 닿았어요.

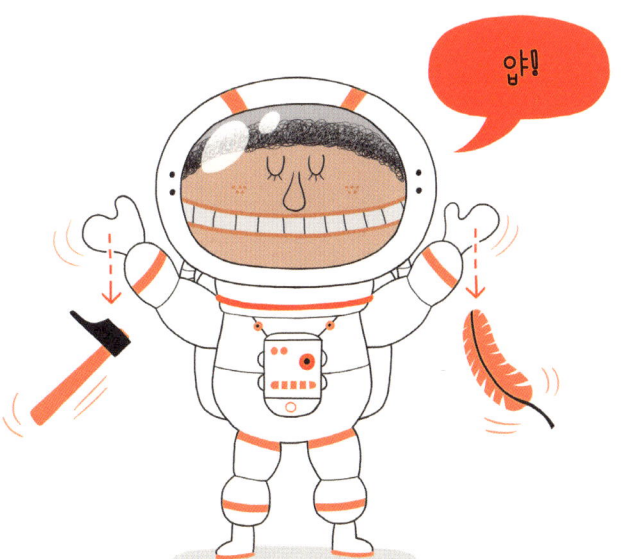

왜 망치가 더 빨리 떨어지지 않았을까요? ❓

정답은 61쪽에 있어요.

전염병학 점수 60점 난이도 / 상

11. 조용한 전파자

어떤 사람이 위중한 상태로 병원에 입원했어요.
바이러스 역학 조사관들은 환자가 이전에 만난 사람들을 추적한 뒤,
주위 사람 네 명 중 한 명에게서 병을 옮았다는 사실을 알아냈어요.
환자가 처음 아프다고 말한 날로부터 2주가 지난 상태였어요.

1. 조지는 어제 런던에서 열린 사이클 경주에 나갔어요. 바이러스 검사에서 음성 반응이 나왔어요.

2. 알라나는 런던으로 이사하기 전에 시골 마을에 살았어요.

3. 빌리는 런던 도심에서 자전거 수리점을 하고 있어요. 이번 주에 이브와 만나 자전거를 고쳐 주었어요.

4. 바이러스 전파자는 열흘 전에 자전거를 도둑맞았어요.

5. 의사 릴리는 병원에 입원한 감염자와 접촉했다가 오늘 자가 격리를 마쳤어요.

6. 조용한 전파자는 릴리의 오빠예요.

7. 릴리와 오빠, 그리고 입원한 감염자는 런던과 멀리 떨어진 마을에서 같이 살았어요. 요즘도 자주 만나는 사이예요.

이들 중 누가 바이러스 전파자이고, 누가 감염된 환자일까요?

정답은 61쪽에 있어요.

31

12. 마법의 반지

| 물리학 | 점수 40점 | 난이도 / 중 |

수리수리마수리!

자석 반지

제이미는 마술을 좋아해요. 그래서 인터넷에서 배운 대로 몇 가지 묘기를 부릴 수 있는 마법의 자석 반지를 샀어요.

🌐 🧪 　　　점수　　　난이도 / 상
지질학/화학　　50점　　★★★★★☆

13. 여름 캠프 가는 길

학교에서는 해마다 여름 캠프를 열었어요. 학생들이 도착하기 며칠 전, 선생님들과 요리사가 준비를 하려고 캠프로 먼저 출발했어요. 물품과 음식 재료를 가득 실은 차 두 대에 나눠 타고 길을 나섰지요. 그런데 갑자기….

1. 차를 멈춰야 했어요.
큰 바윗덩어리가 떨어져 길을 막았기 때문이에요.

2. 과학 선생님이 바위를 살펴보더니 "운이 좋았군요. 이건 석회암이에요."라고 말했어요.
다른 사람들은 무슨 뜻인지 몰라 어리둥절했어요.
하지만 과학 선생님의 지시를 따르기로 했지요.

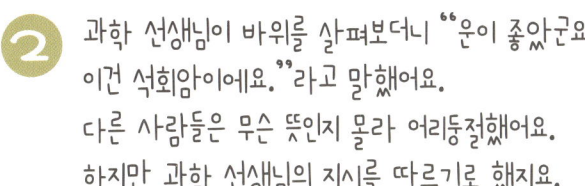
좋아! 석회암이로군.

3. 사람들은 밤이 되기를 기다렸다가 소나무 가지를 모아 바위 옆에 불을 피웠어요.

4. 바위가 아주 뜨거워지자 과학 선생님은 어떤 액체가 든 솥 두 개를 가져오라고 했어요.
요리사는 내키지 않았지만, 지시에 따라 액체를 가져와 바위에 부었어요.

5. 그러자 바위가 폭발하며 산산조각 났어요.

팍!

요리사가 바위에 부은 액체는 무엇일까요?

정답은 61쪽에 있어요.

잘됐다!

35

 천문학　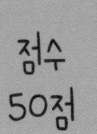 점수 50점　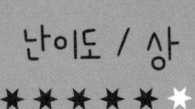 난이도 / 상

14. 내년에 봐!

"내년에 보자고!"

알렉산더와 엠마가 올해 마지막으로 만났어요.
두 사람은 서로에게 여행 잘 다녀오라고 말하고
"1년 뒤에 보자"라며 웃으면서 인사를 나누었어요.

1. 쉰다섯 살인 엠마는 1월에 화성 탐사에 나서요. 11월이면 쉰여섯 살 생일을 맞이할 거예요.

2. 탐사를 잘 마친 엠마는 11월 말에 지구로 돌아왔어요.

3. 알렉산더와 동료들은 케이크를 준비해서 엠마의 생일을 축하해 주었어요. 쉰일곱 번째 생일을 맞이에요!

엠마는 왜 쉰일곱 살이 되었을까요?

정답은 61쪽에 있어요.

물리학 | 점수 40점 | 난이도 / 중 ★★★★☆☆

15. 수상한 가족

한적한 마을에 수상한 가족이 살고 있었어요.
베라와 그의 집사 제임스는 일주일 전부터 특별한 손님을 맞으려고 준비하는 중이었지요.
그런데 이상한 일이 일어났어요.

① 베라는 검은 유리로 만든 아름다운 촛대의 초들이 시든 꽃처럼 구부러진 것을 보고 비명을 질렀어요.

② 집사 제임스는 무슨 일이 벌어진 건지 도무지 알 수 없었어요. 흰 촛대에 꽂아 둔 초들은 멀쩡했거든요.

③ 베라는 딸 바이올렛을 의심했어요. 바이올렛은 손님들이 오는 걸 싫어했어요. 현장을 잡고 싶었던 베라는 제임스에게 커튼 뒤에 숨어서 바이올렛을 몰래 엿보라고 했어요.

④ 오전 내내 커튼 뒤에서 감시하던 제임스는 베라에게 뜻밖의 얘기를 꺼냈어요. 촛대의 초들이 저절로 구부러졌다는 거예요.

바이올렛이 검은 촛대에 마법을 건 걸까요?

정답은 62쪽에 있어요.

물리학

점수
50점

난이도 / 상
★★★★★☆

16. 더러운 설거지

한 스파이가 과학 공식을 훔쳤어요.
공식이 적힌 공책을 찢어 집으로 돌아왔지요.
그때 동료가 연락해서 상대편 스파이가
그를 쫓고 있으니 조심하라고 경고했어요.
스파이는 빨리 공식을 숨겨야 해요.

1. 스파이는 종이를 공처럼 말아서 유리컵에 밀어 넣었어요. 그러고는 며칠 동안 씻지 않은 그릇이 가득한 개수대로 갔어요.

   "여기 두면 안전하겠지."

2. 그는 컵을 뒤집어서 물이 흥건한 개수대의 그릇 사이에 숨기고 급하게 달아났어요.

4. 사람들이 돌아가자 스파이는 다시 집으로 돌아왔어요. 그리고 개수대의 더러운 물에 손을 담가서 공식이 들어 있는 유리컵을 꺼냈지요.

3. 상대편 스파이들이 금세 집에 들이닥쳤어요. 집 안을 샅샅이 뒤졌지만 공식은 찾을 수 없었어요.

   "그럼 그렇지! 난 역시 천재야!"

공식이 적힌 종이가 젖지 않았을까요?

정답은 62쪽에 있어요.

기상학 | 점수 30점 | 난이도 / 중 ★★★☆☆☆

17. 밀림에서 일어난 사건

몇 달 전 비행기 고장으로 밀림에 착륙한 캐스퍼와 테시아는 구조를 기다리고 있어요. 비가 내리지 않는 건기가 다가오자 마실 물이 턱없이 부족했지요. 다행히 비행기 기체를 잘라 만든 통을 나무 위에 걸쳐 놓고 빗물을 받고 있었어요.

❶ 그런데 곧 비가 많이 내리는 우기가 올 거예요. 테시아는 비가 내린 양을 재는 기구, '우량계'를 만들었어요. 비의 양을 확인하면 빗물 받는 통이 넘치는 걸 막을 수 있거든요. 나무 위 통에 물이 많이 차서 바닥으로 떨어지면 안 되니까요.

❷ 비바람이 몰아치자 캐스퍼와 테시아는 번갈아 가며 우량계를 지켜봤어요. 가끔 나무 위로 올라가 통을 비웠지요.

물을 덜어 내야겠어.

❸ 어느 날 밤, 거센 폭풍우가 닥쳤어요. 두 사람은 물이 위험할 정도로 가득 찰까 봐 교대로 우량계를 지켜봤어요.

❹ 폭풍우가 그치자 두 사람은 잠이 들었어요.

개굴!

❺ 몇 시간 뒤에 큰 소리가 나서 두 사람은 잠에서 깼어요. 통이 바닥으로 떨어지면서 천막 일부와 여러 물건까지 박살 났어요.

콰!

무슨 일이 벌어진 걸까요?

정답은 62쪽에 있어요.

43

생물학 | 점수 40점 | 난이도 / 중 ★★★★☆☆

18. 도굴꾼과 꿀

두 도굴꾼이 보물을 찾으려고 고대 이집트 무덤을 찾아다녔어요.
여기저기 땅을 파다가 마침내 무덤 입구를 발견했지요.
한 사람이 낙타에게 먹이를 주는 동안 다른 한 사람은 무덤으로 들어갔어요.

1 횃불을 들고 물병을 찬 채 무덤으로 들어간 도굴꾼은 무덤의 보호 장치가 작동하는 바람에 깜짝 놀랐어요. 그가 지나가자 벽이 무너져 내려 도굴꾼은 꼼짝없이 갇히게 되었지요.

2 무덤 안에 갇힌 도굴꾼은 출구를 찾으려고 했지만 소용없었어요. 그 대신에 관을 발견했지요. 관 안에는 죽은 사람이 저세상으로 갈 때 가져가라고 넣어 둔 물건이 가득했어요.

3 그중에는 곡물을 담은 병과 하얀 대리석으로 만든 단지들이 있었어요. "죽은 사람도 2000년이나 된 음식은 못 먹는다고!" 도굴꾼은 투덜대며 뚜껑을 열었어요.

4 밖에 있던 도굴꾼은 사흘 내내 무너진 돌을 치워서 마침내 동료를 구했어요. 죽은 줄 알았던 동료는 놀랍게도 멀쩡히 살아 있었어요.

도굴꾼은 어떻게 살았을까요?

정답은 62쪽에 있어요.

| 광학 | 점수 50점 | 난이도 / 상 ★★★★★ |

19. 보인다!

팀은 시골에 사는 조부모님 집에서 며칠 지내기로 했어요.
일요일에는 캠프에 등록했지요. 팀은 마이크와 한편이 되어야 했어요.
마이크는 동네에 사는 아이인데 쉽게 흥분하곤 했어요.

1 숲에서 보물찾기 대회가 열렸어요. 그런데 마이크가 갑자기 화를 내더니 팀을 밀어 버렸어요. 그러자 팀의 안경이 바닥에 떨어졌어요. 팀이 안경을 주우려 하자 마이크가 안경을 발로 차 버리고 도망갔어요.

2 혼자 남겨진 팀은 안경이 없어서 앞을 잘 보지 못했어요. 안경을 찾을 수 없게 되자 할 수 없이 캠프로 돌아가려고 했지요.

3 눈을 크게 떠 보려고 했지만 모든 게 흐릿했어요. 나무들은 얼룩처럼 보였지요. 간신히 숲을 벗어나려는 순간….

4 햇볕이 쨍쨍 내리쬐는 바람에 팀은 손으로 눈을 가려야 했어요. 그때 팀은 안경이 없어도 되돌아가는 길을 볼 수 있다는 걸 깨달았어요.

팀은 안경도 없이 어떻게 길을 볼 수 있었을까요?

정답은 62쪽에 있어요.

47

자연 과학/화학 점수 50점 난이도 / 상

20. 얼어붙은 저수지

겨울이 오면 금방 얼어 버리는 커다란 저수지가 있었어요.
이 저수지에는 물고기가 많이 살고 있었지요. 금잉어와 비단잉어가
저수지 바닥에서 유유히 헤엄치고 있는데 갑자기 무슨 소리가 들렸어요.

① 그건 저수지 주인이 얼음을 깨는 소리였어요. 주인은 큰 그물을 던졌지요.

"너무 추우니까 수족관에 데려다주마."

② 금잉어는 온 힘을 다해 꼬리지느러미를 움직여 그물에서 벗어났어요. 그리고 어린 비단잉어에게 말했지요. "절대 잡히지 마. 밖으로 나가면 죽어!"

스으윽!

③ 그러자 비단잉어가 물었어요. "왜 죽어요? 수족관은 물이 얼지 않을 테니 더 좋지 않나요? 여기서는 얼음에 갇히잖아요."

내 말 들으라니까!

걱정 마세요. 수족관은 따뜻할 테니까요.

④ 하지만 비단잉어는 금잉어의 말을 듣기로 했어요. 겨우내 금잉어와 저수지에 머물렀지요.

비단잉어는 겨울을 잘 날 수 있을까요?

정답은 62쪽에 있어요.

49

물리학 | 점수 60점 | 난이도 / 상

21. 빙글빙글 도는 달걀

시장에 노점상이 나타났어요. 탁자를 놓고 그 위에는 달걀 두 알을 올려놓았지요.
노점상은 지나가는 사람들을 향해 큰 소리로 말했어요.
"어느 달걀이 삶은 달걀이고 어느 달걀이 날달걀일까요?"

1 게임을 하려면 10유로를 내야 해요.
답을 맞히면 20유로를 받을 수 있어요.
노점상은 "게임만 잘하면 10유로를 벌 수 있어요!"
라고 외쳤지요.

2 손님이 오면 노점상은 달걀 두 개를 빙글빙글 돌리다가
손가락으로 동시에 멈췄어요. 그러면 손님은 날달걀을 골라야
했어요. 하지만 틀리는 사람이 많았지요. 노점상은 한 손으로는
날달걀을 깨고, 다른 손은 10유로를 달라며 내밀었어요.

3 한 빵집 주인이 맞은편에서 노점상을 지켜보고 있었어요.
그녀는 노점상에게 다가가 게임을 시작했지요.
그리고 쉽게 정답을 맞혔어요.

4 노점상은 결국 많은 돈을 잃었어요.
그래서 오늘 장사를 그만 접기로 했지요.
그는 돌아가기 전에 빵집 주인에게
물었어요. "어떻게 매번 맞혔어요?"
그러자 빵집 주인은 활짝 웃으며
답했어요. "과학 덕분이지요."

빵집 주인은 어떻게 달걀을 구별했을까요?

정답은 62쪽에 있어요.

자연 과학

점수
30점

난이도 / 중

22. 바닷가 카페

마리오는 바닷가에서 음료를 팔아요.
그는 매일 아침 누구보다도 일찍 바닷가에 나가서 그날 날씨를 살펴요.
바람이 어디서 불어오는지 보고
그날 얼마나 많은 사람이 해수욕을 할지 예상해요.
그래야 선베드를 몇 개 꺼낼지 알 수 있으니까요.

1. 마리오는 오랜 경험 덕분에, 바다에서 바람이 불어오면 육지에서 바람이 불어올 때보다 바닷물이 더 따뜻하다는 것을 알고 있었어요.

오늘은 물이 따뜻하군.

2. 오늘은 바닷물이 따뜻해요. 마리오는 선베드와 파라솔을 더 많이 내놓기로 했어요. 해수욕을 즐기러 오는 사람이 많을 테니까요.

3. 정오가 다 되었지만 선베드를 빌리는 사람은 몇 안 되었어요. 해수욕을 하는 사람은 아무도 없었고요. 아이들만 모래사장에서 놀고 있었고 관광객들은 바닷가를 걷고 있었지요.

아아아아악!

톡!

4. 마리오는 바다에 발을 담가 보았어요. 무릎까지 차오른 물은 따뜻했지요. 하지만 마리오는 비명을 지르며 뛰쳐나왔어요.

오늘은 왜 마리오의 손님이 적을까요?

정답은 62쪽에 있어요.

53

물리학 | 점수 40점 | 난이도 / 중

23. 내게 너무 현대적인 빌딩

도시 중심에 기발한 디자인의 빌딩이 새로 들어섰어요.
빌딩 앞면은 약간 굴곡져 있고 반짝거리는 창문은 몇 킬로미터 밖에서도 보여요.

① 빌딩 사진을 찍으러 오는 사람들은 실망하는 법이 없었어요.
빌딩 창문에 파란 하늘과 붉은 노을이 예쁘게 비쳤지요.

② 빌딩 근처 회사에 다니는 케이티는 몇 년 전부터 같은 장소에 자전거를 세워 두었어요.

③ 몇 미터 떨어진 곳에서는 영업 사원인 고든이 자동차를 세워 두었어요. 빌딩에 있는 고객을 만나러 가는 길이지요.

④ 빌딩이 들어선 뒤로 거리는 더 북적였어요.
근처 정비소에는 손님들이 더 많이 찾아오기 시작했어요.
케이티도 새 안장을 사려고 정비소에 들렀어요.
이상하게도 안장이 타 버렸기 때문이에요.

⑤ 그런가 하면 고든은 새 백미러를 사야 했지요.

왜 정비소에 손님이 밀려드는 걸까요?

정답은 63쪽에 있어요.

화학 | 점수 30점 | 난이도 / 중 ★★★★★★

24. 나 홀로 집에

맥스와 완다는 큰 개예요. 어느 날 밤, 주인 가족이 집을 비웠을 때 도둑들이 쳐들어왔어요. 맥스는 집 앞쪽을, 완다는 집 뒤쪽을 지키기로 했어요.

1. 도둑 한 명이 맥스의 먹이 그릇에 따뜻한 고기 수프를 부었어요. 그리고 수면제를 넣었지요. 조금 뒤 그는 맥스가 깊은 잠에 빠진 걸 보고 좋아했어요.

2. 완다는 누군가 물이 반쯤 담긴 그릇을 옮기는 소리에 일어났어요. 그릇에 코를 대어 보니 맛있는 고기 수프 냄새가 났어요. 완다는 식은 수프를 거의 다 먹었어요.

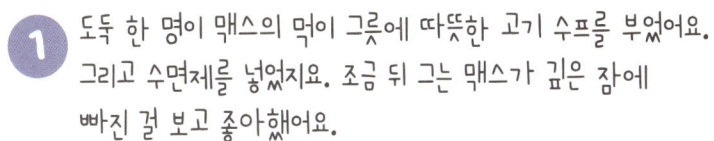

3. 새벽에 이웃들은 완다가 짖는 소리에 깜짝 놀라 경찰에 신고했어요. 빠르게 도착한 경찰들은 완다가 으르렁거리는 소리에 꼼짝 못 하는 도둑들을 발견했지요.

4. "잘했어, 완다!" 집으로 급하게 돌아온 주인은 완다를 칭찬했어요. 그사이 경찰은 도둑들을 경찰차에 태웠지요.

완다는 왜 잠들지 않았을까요?

정답은 63쪽에 있어요.

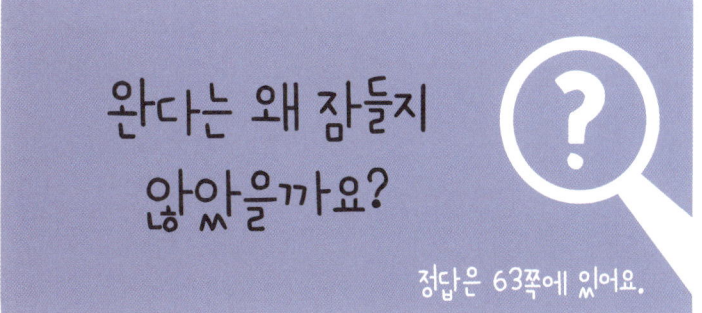

자연 과학 | 점수 20점 | 난이도 / 하

25. 두루미의 비행

과학 연구팀이 북극으로 갈 준비를 하고 있어요.
지금은 8월이니까 겨울이 오기 전에 출발해야 해요.
그렇지 않으면 얼음과 눈 폭풍 때문에 목적지에 도착하지 못할지도 몰라요.

1. 연구팀은 덴마크인 가이드 두 명을 고용했어요.
그런데 배의 엔진이 고장 나서 출발이 한 달이나 늦춰졌어요.

2. 가이드들은 선장에게 겨울에 바닷길을 가는 것이 얼마나 위험한지 설명했어요. 눈 폭풍이 불면 배가 얼음에 갇힐지도 모른다고요.

3. 선장은 다음 날 배가 출발한다고 알렸어요.
그날 오후 모두가 갑판에 나와 출발 준비를 서둘렀어요.
그때 머리 위로 두루미 떼가 뚜루루루 뚜루루루 울며 날아가는 소리가 들렸어요.

선장님, 배는 출발 못 합니다.

4. 가이드들은 두루미 떼를 보고는 표정이 바뀌었어요.
두 사람은 서로 바라보더니 선장에게 출발하지 못한다고 말했어요.

가이드들은 출발하기에 너무 늦었다는 걸 어떻게 알았을까요?

정답은 63쪽에 있어요.

정답

10쪽 1. 똑똑한 참새

참새는 어떻게 물을 마실 수 있었을까요?

물이 차오를 때까지 돌멩이를 구멍에 넣었어요.

16쪽 4. 꾀병 환자

줄리의 아이디어는 왜 통하지 않았을까요?

줄리가 분 숨은 몸 바깥 온도가 아닌 몸속 폐 온도와 같으니까요.

12쪽 2. 가을 산책

어째서 시간이 그대로였을까요?

이날 오전에 표준시보다 한 시간 시각을 앞당기는 '서머타임'이 해제되었어요. 디디에가 나간 사이 아내가 시간을 다시 맞춘 거예요.

18쪽 5. 주방의 함정

손님들은 오레가노가 뿌려진 아이스크림을 먹게 될까요?

아니요. 알랭이 풍선에 정전기를 일으켜서 오레가노 가루가 풍선에 달라붙게 했어요.

14쪽 3. 작전 실패

프랭크는 왜 길을 잃었을까요?

수족관의 물을 통해 화살표를 봤기 때문에 화살표가 반대 방향으로 보였어요.

20쪽 6. 지구 반대편

고관은 왜 청년들을 합격시키지 않았을까요?

청년들이 북반구에 있다고 착각해서 달 모양을 잘못 봤기 때문이에요. 아콩카과산은 남반구에 있어요.

22쪽 7. 사파리에 간 사진가들

제임스는 어떻게 위험을 느꼈을까요?

바닥에 누워 있어서 코끼리들이 쿵쿵 다가오는 진동이 느껴졌기 때문이에요.

30쪽 11. 조용한 전파자

이들 중 누가 병을 옮긴 전파자이고, 누가 감염된 환자일까요?

빌리가 병을 옮긴 전파자이고, 알라나가 감염된 환자예요.

24쪽 8. 클럽의 단서

형사는 어떻게 메시지를 읽을 수 있었을까요?

메시지는 자외선 조명에서 보이는 형광 잉크로 쓰였어요. '블랙 라이트'라는 자외선 무대 조명을 비추자 그제야 글자가 보였지요.

32쪽 12. 마법의 반지

다니엘라는 왜 그렇게 화가 났을까요?

반지가 자석에 붙었다는 건 금반지가 아니라는 뜻이기 때문이에요.

26쪽 9. 양치기의 조언

나무꾼은 어디에서 더 안전할까요?

양치기가 말한 곳이 더 안전해요. 바람이 세게 불면 빈터에 있는 나무가 먼저 부러질 거예요.

34쪽 13. 여름 캠프 가는 길

요리사가 바위에 부은 액체는 무엇일까요?

식초와 오이피클 물이에요. 이 산성 액체가 바위를 녹였어요.

28쪽 10. 망치와 깃털

왜 망치가 더 빨리 떨어지지 않았을까요?

데이브는 사실 달에 있었어요. 공기가 없는 달에서는 공기 저항도 없어서, 물건이 떨어질 때 속도가 늦춰지지 않아요.

36쪽 14. 내년에 봐!

엠마는 왜 쉰일곱 살이 되었을까요?

엠마는 화성에서 1년을 보냈어요. 화성의 1년은 지구의 1년보다 길어요.

61

15. 수상한 가족
38쪽

바이올렛이 검은 촛대에 마법을 건 걸까요?

아니에요. 검은 촛대가 창문으로 들어오는 햇빛을 흡수해서 뜨거워진 바람에 초가 녹은 거예요.

19. 보인다!
46쪽

팀은 안경도 없이 어떻게 길을 볼 수 있었을까요?

주먹을 살짝 쥐었을 때 생기는 작은 틈으로 보면 돼요. 그러면 좀 더 잘 보이거든요.

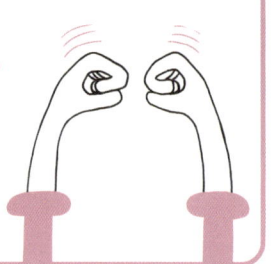

16. 더러운 설거지
40쪽

공식이 적힌 종이가 젖지 않았을까요?

종이는 멀쩡했어요. 유리컵에 공기가 들어 있어, 물이 가득 차지 않거든요.

20. 얼어붙은 저수지
48쪽

비단잉어는 겨울을 잘 날 수 있을까요?

네. 저수지 바닥의 물은 얼지 않아요. 물고기가 살 수 있을 정도의 온도거든요.

"난 알아지롱!"

17. 밀림에서 일어난 사건
42쪽

무슨 일이 벌어진 걸까요?

비가 그쳤지만 통에는 계속 물이 차올랐어요. 나뭇잎에서 물이 계속 떨어졌기 때문이에요.

21. 빙글빙글 도는 달걀
50쪽

빵집 주인은 어떻게 달걀을 구별했을까요?

빙글빙글 도는 날달걀은 손으로 붙잡아도 금방 멈추지 않아요. 껍데기 안에서 흰자와 노른자가 계속 움직이기 때문이에요.

18. 도굴꾼과 꿀
44쪽

도굴꾼은 어떻게 살았을까요?

단지에 든 꿀을 먹고 버텼어요. 2000년이 지났지만 꿀은 썩지 않기 때문이에요.

22. 바닷가 카페
52쪽

오늘은 왜 마리오의 손님이 적을까요?

해안 구조대가 바다에 해파리가 나타났다고 관광객들에게 알렸기 때문이에요.

54쪽 23. 내게 너무 현대적인 빌딩

왜 정비소에 손님이 밀려드는 걸까요?

빌딩 창문에 반사된 햇빛이 자동차와 자전거의 플라스틱 부품을 녹였기 때문이에요.

56쪽 24. 나 홀로 집에

완다는 왜 잠들지 않았을까요?

식은 수프에 수면제를 넣는 바람에 잘 녹지 않기 때문이에요.

58쪽 25. 두루미의 비행

가이드들은 출발하기에 너무 늦었다는 걸 어떻게 알았을까요?

두루미들이 이동한다는 것은 겨울이 몇 주 앞당겨졌다는 뜻이에요. 그래서 먼 여행을 가는 건 위험해요.

과학 원리

⚛ 1. 똑똑한 참새

과학 원리 아르키메데스의 원리
물에 물체를 집어넣으면 잠긴 물체의 부피만큼 물의 높이가 올라가요.

실험해 봐요!
넓고 큰 그릇 ① 안에 물을 가득 담은 그릇 ②를 넣어요. 그런 다음 여기에 빈 유리잔 ③을 넣어요. 그러면 그릇 ②에 있던 물이 큰 그릇 ①로 넘칠 거예요. 넘친 물을 계량컵에 부으면 유리잔 ③의 부피를 알 수 있어요. 넘친 물을 유리잔에 다시 부으면 가득 채워질 거예요.

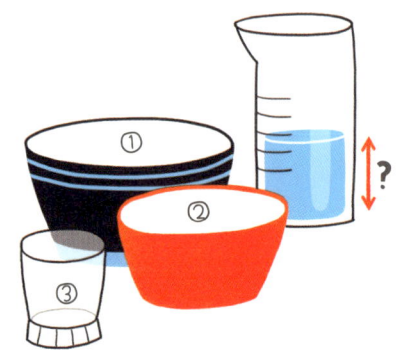

🌐 2. 가을 산책

과학 원리 시간 변경과 에너지 절약
봄이면 많은 나라에서 시계를 한 시간 앞당겨요. 가을이 되면 다시 한 시간 뒤로 늦춰요. 이 '서머타임' 제도는 햇볕을 쬐면서 활동하는 시간을 늘리고, 전기 에너지 소비를 줄이려고 만들었어요.

실험해 봐요!
디디에가 휴대전화로 시간을 확인했다면 서머타임이 해제된 걸 알 수 없었을 거예요. 왜일까요?

답 : 휴대전화와 컴퓨터의 시간은 자동으로 변경되니까요.

👁 3. 작전 실패

과학 원리 빛의 굴절
빛은 곧게 나아가다가 다른 물질을 지나갈 때 꺾이는 성질이 있어요. 여기에서는 수족관이 빛을 휘게 만드는 렌즈 역할을 했어요. 빛이 어떤 환경에서 다른 환경으로 이동하면(이야기에서는 공기에서 유리로, 유리에서 물로, 다시 물에서 유리로, 그리고 유리에서 공기로) 그림 방향이 바뀌어 보이지요.

실험해 봐요!
종이에 화살표를 그리고 물이 담긴 유리잔 뒤에 세워 놓아요. 유리잔의 물을 통해 화살표를 봐요. 그런 다음, 유리잔을 종이로부터 멀리 떨어뜨려서 다시 봐요.

4. 꾀병 환자

과학 원리 체온
양손에 입김을 불어 넣으면 따뜻한 기운을 느낄 수 있어요. 바로 폐에서 나온 공기 때문이지요. 입김 온도는 체온과 같아요. 평소에는 36~37도이지요. 정말 열이 나면 체온이 더 올라가요. 열이 나는지 알아보려고 이마에 손을 대는 방법은 그리 효과적이지 않아요.

실험해 봐요!
따뜻한 수건을 이마에 올려도 왜 체온은 올라가지 않을까요?

답 : 몸은 수건보다 부피가 훨씬 크기 때문이에요. 따뜻한 수건을 올려도 수건 크기가 너무 작으면 체온이 절대 올라가지 않아요.

36~37℃

5. 주방의 함정

과학 원리 정전기
정전기는 젤리보다 가벼운 오레가노 가루를 끌어당겼어요. 그래서 풍선에 달라붙었지요. 젤리는 무거워서 끌려가지 않았어요.

실험해 봐요!
소금과 후춧가루를 섞으면 무엇이 풍선에 붙을까요?

답 : 후춧가루가 붙어요. 소금보다 더 가벼우니까요.

소금 후춧가루

🌐 6. 지구 반대편

과학 원리 북반구와 남반구
적도는 지구를 반으로 나누는 가로선이에요. 적도 위가 북반구, 아래가 남반구예요.
적도를 향해 서서 바라본 밤하늘 모습은 어느 반구에 있느냐에 따라 서로 반대로 보여요.
북반구에서 바라본 달이 C자 모양이면 뾰족한 끝은 서쪽을 가리켜요.
만약 ⊃자 모양이라면 뾰족한 끝은 동쪽을 가리켜요.
그러나 남반구에서는 완전히 반대예요.

생각해 봐요!
남반구에서 바라본 남십자자리는 긴 아래쪽이 남쪽을 가리켜요. 그렇다면 북쪽은 어떻게 찾을까요?

답 : 남쪽이 어디인지 알아냈다면 그쪽을 향해 섰을 때 등 쪽이 북쪽이라는 것을 알 수 있어요.

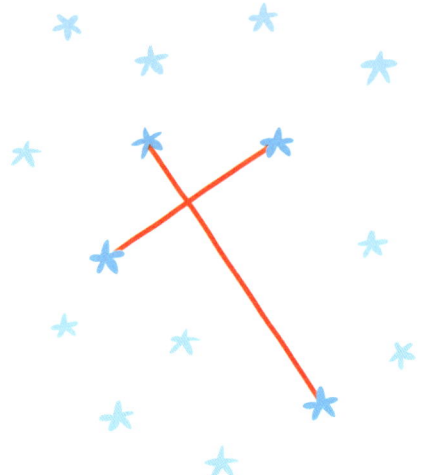

⚛ 7. 사파리에 간 사진가들

과학 원리 환경에 따라 달라지는 소리의 이동 속도
소리는 땅과 같은 고체를 통과할 때 공기보다 더 빨리 전달되어요.

실험해 봐요!
페트병을 반으로 잘라 입구 쪽만 써요. 뚜껑을 뺀 뒤, 물이 담긴 큰 그릇에 페트병의 자른 면을 아래로 향하게 넣어요. 친구가 물에 넣은 금속 물체 두 개를 부딪쳐서 소리 내는 동안 병 입구에 귀를 대고 들어 봐요.

이번에는 친구에게 탁자 위에서 물체를 부딪치라고 해요. 똑바로 선 채 소리를 들어 봐요. 마지막으로 탁자에 귀를 댄 뒤, 친구에게 다시 부딪쳐 보라고 해요.

물속에서는 소리가 공기 중에서보다 더 크고 선명하게 들려요. 탁자에 귀를 대었을 때는 물속에서 들었을 때보다 소리가 더 크게 들려요.

🧪 8. 클럽의 단서

과학 원리 보이지 않는 잉크
클럽에서 쓰는 '블랙 라이트' 조명은 자외선을 내보내요.
화학자가 메시지를 감추기 위해 사용한 잉크처럼, 형광 물질에 자외선을 비추면 비로소 눈에 보이지요.

실험해 봐요!
레몬즙으로 보이지 않는 잉크를 만들 수 있어요. 이 잉크로 쓴 메시지를 읽으려면 종이에 손전등을 대고 열을 가해요.

9. 양치기의 조언

과학 원리 나무와 햇빛
숲에서 자라는 나무는 보통 바람에는 끄떡없어요. 나무꾼도 그럴 거라고 믿었지요. 그런데 나무들이 서로 햇빛을 더 받으려고 애쓰기 때문에 뿌리로 가는 에너지가 적어요. 뿌리가 약해서 땅에 잘 고정되지 않으니, 바람이 거세게 불 때 더 불안정해요.

생각해 봐요!
왜 숲에서 자라는 나무는 숲 밖에서 자라는 나무와 다를까요?

답 : 숲 밖에서 자라는 나무는 햇빛을 받는 데 문제가 없어요. 가지도 줄기 전체에 자라고요. 반대로 숲에서 자라는 나무는 햇빛을 받는 가지만 자라요. 그래서 나무 꼭대기에만 가지가 자라지요.

10. 망치와 깃털

과학 원리 무중력 상태의 자유 낙하
아폴로 15호를 타고 달에 갔던 우주 비행사들이 실제로 이 실험을 해 봤어요. 자유 낙하하는 모든 물체는 무게와 상관없이 같은 속도로 떨어진다는 갈릴레이의 이론을 증명하려고 말이에요. 달과 달리 지구에는 대기가 있어서 이 이론을 증명하기 힘들어요. 물체의 무게와 모양에 따라 공기의 저항이 달라 떨어지는 속도에 영향을 주기 때문이에요.

실험해 봐요!
종이 두 장을 준비해 한 장은 공 모양으로 구겨요. 다른 사람이 높은 곳에서 종이와 종이 공을 떨어뜨리게 하고, 무엇이 먼저 땅에 닿는지 관찰해요. 이번에는 종이와 종이 공을 똑같이 생긴 두 상자 안에 넣고 그 상자들을 떨어뜨려요. 어떤 차이가 있나요?

11. 조용한 전파자

과학 원리 바이러스 역학 조사관
환자를 감염시킬 수 없는 사람 : 조지(전파자는 자전거를 도둑맞았지만 조지에게는 자전거가 있어요),
이브와 알라나와 릴리(전파자는 릴리의 오빠라고 했으니까 남자 중에서 찾아야 해요).
그렇다면 빌리가 감염시킨 사람이에요.

입원하지 않은 사람 : 조지(어제 경주에 참가했어요), 빌리(이번 주에 이브를 만났어요),
릴리(격리가 오늘 끝났어요), 이브(이번 주에 빌리를 만났어요). 그러면 알라나가 남았어요. 알라나는 릴리와
빌리 남매와 마찬가지로 시골 마을에서 살았고, 요즘도 서로 자주 만나요.
따라서 입원한 환자는 알라나예요.

실험해 봐요!
오늘 내가 바이러스 감염자라는 진단을 받았다고 생각해 봐요. 지난 이틀 동안 15분 이상 같은 공간에
머물렀던 사람을 모두 떠올려 적어요. 그런 사람이 너무 많아 놀랐나요?

12. 마법의 반지

과학 원리 자력
자석은 니켈, 코발트, 철 같은 금속은 끌어당기지만 금이나 은은 끌어당기지 않아요.

실험해 봐요!
지구는 거대한 자석이에요. 그 원리를 이용해 나침반을 만들어 볼까요?
먼저 코르크 마개를 얇게 자른 다음 긴 바늘을 통과시켜요. 바늘 윗부분에 색종이로
작은 삼각형을 오려 붙여서 화살표를 만들어요. 바늘 반대쪽을 자석에 대고 50번 정도 문질러요.
자석 성질을 띤 바늘을 물이 든 그릇에 띄워요. 그러면 빙글빙글 돌다가 북쪽을 가리킬 거예요.

13. 여름 캠프 가는 길

과학 원리 산과 산의 성질
식초의 아세트산과 바위의 탄산칼슘이 반응하면 이산화탄소와 아세트산칼슘으로 변해요.
식초를 뜨거운 바위에 부으면 격렬한 반응이 일어나 바위가 산산조각 나요.

실험해 봐요!
작은 컵에 식초를 붓고, 작은 석회암 조각을 담가요.
그러면 돌에서 거품이 나기 시작하고 돌이 갈라질 거예요.

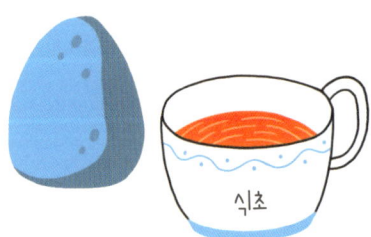

14. 내년에 봐!

과학 원리 행성의 궤도
화성이 태양 주위를 한 바퀴 도는 데 687일이 걸려요. 그러니까 화성의 1년은 지구의 1년 10개월 17일과 같아요. 엠마는 지구를 떠날 때 쉰다섯 살이었어요. 그해 11월에 쉰여섯 살이 되었지만 그때는 화성 탐사 중이었어요. 엠마는 이듬해 11월 말에 돌아왔어요. 쉰일곱 살 생일이 지났을 때지요.

실험해 봐요!
우주여행을 떠난다고 상상해 봐요. 올해 화성으로 출발해서 2년 동안 탐사 활동을 하고 지구에 다시 돌아오면 몇 살이 되어 있을까요?

 ## 15. 수상한 가족

과학 원리 열과 색
햇빛에는 열을 내는 적외선이 포함되어 있어요. 그래서 햇빛을 받은 물체는 햇빛을 흡수하는 능력에 따라 다르게 뜨거워져요. 햇빛을 흡수하는 정도는 물체의 색과 관련이 있어요. 흰색은 햇빛을 반사하기 때문에 흰 촛대는 거의 뜨거워지지 않았어요. 반대로 검은색은 햇빛을 거의 다 흡수하기 때문에 검은 촛대는 뜨거워졌어요.

생각해 봐요!
사막에 사는 투아레그족은 왜 길고 어두운 색 튜닉을 입을까요?

답 : 검은 옷은 열을 많이 흡수하지만, 피부를 그을리는 "자외선"의 차단 기능이 뛰어나요. 옷이 크고 공기가 잘 통해야 몸의 열이 밖으로 나가고 땀도 증발할 수 있지요.

16. 더러운 설거지

과학 원리 공간을 차지하는 공기

스파이는 종이를 넣은 유리컵을 물이 담긴 그릇에 거꾸로 세워 집어넣었어요. 유리컵에는 보이지 않는 공기가 가득 들어 있었지요. 그릇에 넣자마자 유리컵으로 물이 조금 들어가면서 공기가 윗부분에 가둬졌어요. 압축된 공기가 공간을 차지하니 물이 들어찰 수 없었어요.

생각해 보고 실험해 봐요!

풍선을 빈 병에 넣고 불면 어떻게 될까요? (공기가 들어가지 않도록 풍선 끝이 병 입구를 막아야 해요.)

답 : 공기가 병 안 공간을 가득 채우고 있어요. 풍선을 불어 부풀리다 보면 병에 있는 공기가 압력을 가해서 풍선이 더는 부풀지 않아요.

17. 밀림에서 일어난 사건

과학 원리 강우량

나뭇잎에 묻은 물이 아주 많았어요. 생존자들은 우량계를 만들었지만 나뭇잎에 묻은 물의 양은 정확하게 측정할 수 없었지요.

실험해 봐요!

우량계를 만들어 볼까요? 페트병 가운데를 잘라요. 눈금이 있는 컵으로 물 50밀리리터를 재서, 자른 페트병의 바닥 부분에 부어요. 유성 펜으로 물 높이를 표시해요. 여러 번 반복해서 50밀리리터마다 눈금을 표시해요. 물을 쏟아 버리고 페트병 윗부분을 깔때기처럼 거꾸로 집어넣어요. 가능한 한 물의 증발을 줄이기 위해서예요. 이렇게 만든 용기를 밖에 내놓고 정해진 시간마다 물이 얼마나 고였는지 확인해요.

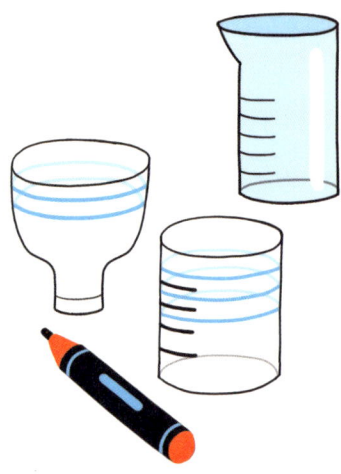

18. 도굴꾼과 꿀

과학 원리 식품의 유통 기한

수천 년 된 꿀이 발견된 적이 있는데 지금 먹어도 문제없어요. 순수한 꿀은 단단히 봉해진 상태라면 썩지 않아요. 꿀의 성분 때문에 세균이 자랄 수 없거든요.

생각해 봐요!

말린 콩류(렌즈콩, 강낭콩 등)는 오랫동안 보관해도 잘 상하지 않아요. 그 이유는 무엇일까요?

답 : 미생물이 자라려면 습기가 필요해요. 그런데 말린 콩류에는 수분이 전혀 없어요. 진공 상태의 용기에 넣어 직사광선을 피해 두면 1년이 지나도 썩지 않아요.

19. 보인다!

과학 원리 핀홀 효과
빛을 아주 작은 구멍에 통과시키면 직각으로 들어오는 광선만 통과하고, 비스듬히 들어오는 광선은 차단돼요. 그러면 근시용 안경을 낀 듯한 효과가 나요. 이미지가 훨씬 더 선명하게 눈에 들어오지요. 이렇게 작은 구멍을 통해 사물을 보면 좀 더 선명하게 보이는 것이 핀홀 효과예요.

실험해 봐요!
두꺼운 종이를 안경 모양으로 오려요. 렌즈 부분에 핀을 이용해 3밀리미터 간격으로 작은 구멍들을 뚫어요. 안경 양쪽 끝에 조금 큰 구멍을 내서 고무줄을 묶고, 평소 안경을 쓰는 사람에게 씌워요. 자기 안경을 쓰지 않아도 잘 보일 거예요.

 ## 20. 얼어붙은 저수지

과학 원리 얼음의 밀도
저수지 표면은 0도에서 얼어요. 얼음은 물보다 밀도가 낮아서 저수지에 떠 있어요. 그러면 아래쪽에 있는 물은 온도가 내려가지 않아요. 물고기들은 수온이 적어도 3도 이상인 물속에서 겨울을 날 수 있어요. 수족관은 보온이 되지 않고 깊이가 얕다면 물이 얼지 않아도 너무 차가워서 물고기가 죽을 수 있어요.

생각해 봐요!
왜 돌 같은 고체는 물속에 가라앉고, 같은 고체인 얼음은 물 위에 뜰까요?

답 : 물체가 가라앉거나 뜨는 것은 밀도에 달려 있어요. 얼음의 밀도는 물의 밀도보다 낮아요(결정체인 얼음 분자들은 액체일 때보다 서로 더 멀리 떨어져 있기 때문이에요). 그래서 얼음이 물에 뜨는 것이에요.

21. 빙글빙글 도는 달걀

과학 원리 물체의 관성
날달걀과 삶은 달걀은 껍데기 안의 내용물이 다르기 때문에 회전하는 모습도 달라요. 날달걀의 내용물은 액체라서 돌리면 관성(뉴턴의 제1법칙)이 생겨요. 흔들거리면서 돌고 있는 날달걀에 살짝 손을 대 멈췄다가 얼른 떼면, 껍데기 안의 액체는 계속 돌기 때문에 얼마간 더 돌아요. 반대로 삶은 달걀은 팽이처럼 일정하게 돌고, 손으로 멈추면 더는 움직이지 않아요.

실험해 봐요!
수수께끼에서처럼 친구들과 노점상의 게임을 해 봐요!

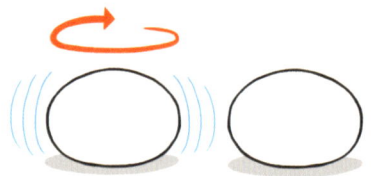

 22. 바닷가 카페

과학 원리 기후 변화와 생물 다양성
바닷가에 해파리가 점점 많아져요. 기후 변화로 수온이 상승하면서 해파리를 잡아먹는 생물의 수가 줄었기 때문이에요.

생각해 봐요!
바람을 측정할 수 있는 도구는 무엇일까요?

답 : 바람의 방향을 알려 주는 '풍향계'와 바람의 속도를 알려 주는 '풍속계'예요.

23. 내게 너무 현대적인 빌딩

과학 원리 햇빛 모으기
수수께끼에 나오는 빌딩은 실제로 존재해요. 런던 중심에 있는 '워키토키'라는 빌딩이에요. 유리로 뒤덮은 빌딩 앞면이 오목하게 구부러져 있어요. 이 유리가 거울 역할을 해서 빛을 한 점에 모아요. 이렇게 모인 강력한 빛은 빛이 닿는 물체를 태울 정도로 아주 뜨거워요.

실험해 봐요!
눈을 보호해야 하니까 먼저 선글라스를 껴요. 거울 앞에 두꺼운 검은색 종이를 놓고, 태양이 비치도록 거울을 기울이면 종이 위로 점이 하나 생길 거예요. 얼마 뒤 종이에서 연기가 피어오르기 시작해요. 화상을 입으면 안 되니까 꼭 어른과 함께 실험해요.

24. 나 홀로 집에

과학 원리 온도와 용해도
온도는 고체 물질의 용해도(액체에 녹는 정도)에 영향을 미쳐요. 액체인 용매와 균일하게 분리되고 혼합하는 현상이 용해예요. 온도가 올라갈수록 용해도가 높아져요. 물이 따뜻할수록 코코아가 잘 녹는 걸 떠올리면 이해가 쉬워요.

실험해 봐요!
찬물이 든 유리컵과 따뜻한 물이 든 유리컵에 잉크를 한 방울씩 떨어뜨리고 관찰해요. 잉크 대신 소금이나 설탕으로 바꿔도 좋아요.

25. 두루미의 비행

과학 원리 철새
철새의 이동은 기상 변화를 예측하는 데 도움을 줘요. 두루미는 겨울이 오는 신호를 느끼면 부유럽을 떠나요. 얼음이 땅을 뒤덮으면 더는 먹이를 구할 수 없기 때문에 철새의 이동은 목숨이 달린 문제예요. 그래서 따뜻한 남쪽으로 날아가요.

실험해 봐요!
관찰은 새를 알아보고 구별하는 법을 익힐 수 있는 가장 좋은 방법이에요. 마당이나 베란다에 새를 불러들이고 싶다면 그늘에 작은 먹이통을 둬 봐요. 새들이 방해받지 않고 먹이를 먹을 수 있지요. 새 전용 먹이를 구해서 통에 넣어 둬요.